Louis Vitet

Marc-Antoine
Raimondi

Gravure

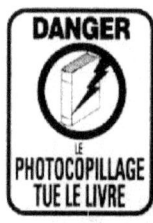 Le code de la propriété intellectuelle du 1er juillet 1992 interdit en effet expressément la photocopie à usage collectif sans autorisation des ayants droit. Or, cette pratique s'est généralisée dans les établissements d'enseignement supérieur, provoquant une baisse brutale des achats de livres et de revues, au point que la possibilité même pour les auteurs de créer des œuvres nouvelles et de les faire éditer correctement est aujourd'hui menacée. En application de la loi du 11 mars 1957, il est interdit de reproduire intégralement ou partiellement le présent ouvrage, sur quelque support que ce soit, sans autorisation de l'Éditeur ou du Centre Français d'Exploitation du Droit de Copie , 20, rue Grands Augustins, 75006 Paris.

ISBN : 978-1976288777

10 9 8 7 6 5 4 3 2 1

Louis Vitet

Marc-Antoine Raimondi

Gravure

Table de Matières

Marc-Antoine Raimondi   6

Marc-Antoine Raimondi

Voilà quatre cents ans que l'invention est née d'imprimée des estampes. Quatre siècles, c'est une vie déjà longue pour des feuilles de papier qui passent de mains en mains et risquent à chaque instant d'être déchirées, froissées, tachées, égarées ou brûlées. Il faut presque un miracle pour qu'elles échappent à toutes ces chances de destruction ; aussi les estampes qui remontent aux premiers temps de la gravure, à la moitié du XVe siècle, ou seulement au commencement du XVIe, sont aujourd'hui si rares et d'un tel prix, possédées par des mains si jalouses, conservées avec de telles précautions, que l'étude en devient presque impossible ; pour l'artiste, surtout à ses débuts, elles sont comme si elles n'étaient pas.

Et pourtant que de leçons, que d'enseignements dans ces vieilles gravures ! Ceux qui aspirent à manier sérieusement le burin, le crayon ou le pinceau, peuvent-ils se passer de les connaître à fond, de les consulter sans cesse, non pas seulement à la dérobée dans quelques dépôts publics, mais chez eux, dans leurs ateliers, à leurs heures ? Il n'en est pas de la gravure comme des autres arts du dessin : ses premières productions ne sont pas d'informes essais, de grossiers tâtonnements ; l'érudit et l'archéologue n'ont pas seuls plaisir et profit à fouiller ses origines. La gravure est venue au monde vingt ans à peine avant Michel-Ange, à une époque où l'art de dessiner touchait à sa perfection ; de là vient qu'elle n'a point eu d'enfance : sa croissance a été subite et son apprentissage insensible. Le jour même de sa naissance, chez cet orfèvre florentin à qui le hasard venait de la révéler, elle a produit un chef-d'œuvre, ce petit couronnement de la Vierge qui fait aujourd'hui la gloire de notre cabinet des estampes ; bijou vraiment sans pareil, puisque son moindre mérite est d'être incontestablement la première estampe connue. Par la finesse du trait, par la suavité mystique de la composition, ce *nielle* de Finiguerra ne semble-t-il pas sorti de la main de Fra Angelico lui-même ? Il y a donc dans les gravures des anciens maîtres autre chose que leur vétusté et leur rareté ; il y a presque toujours des modèles de précision, de netteté, de naïveté consciencieuse. École instructive et sévère où tant de gens auraient besoin d'aller ! Le seul défaut de ces précieuses reliques, c'est d'avoir un si grand prix, et d'être, au lieu d'un texte d'études, des

Louis Vitet

objets de pure curiosité.

Si les planches avaient survécu, on en pourrait tirer des épreuves, affaiblies, imparfaites, mais suffisantes pour l'étude. Par malheur, les planches ont disparu ; les refaire, c'est-à-dire les copier sur cuivre, serait une folie, une entreprise ingrate et téméraire dont personne n'oserait se charger. Le mal serait donc sans remède, si un nouveau hasard n'avait enseigné à un autre Finiguerra un secret plus merveilleux encore que l'art d'imprimer des estampes. Désormais les plus anciennes gravures peuvent devenir aussi rares qu'elles voudront, les planches peuvent se perdre ; pourvu qu'il en reste une épreuve, la photographie se charge ; de tout ressusciter ; en un clin d'œil, elle refait à sa manière une planche d'où peut sortir une série d'épreuves, moins pures peut-être que les bonnes épreuves primitives, mais égales pour le moins à celles qu'on tirerait d'un cuivre tant soit peu fatigué.

C'est ce moyen presque magique de multiplier les anciennes estampes qui a donné à M. Benjamin Delessert l'idée de sa publication ; il édite à nouveau une portion de l'œuvre de Marc-Antoine pour démontrer pratiquement, par un exemple, le parti qu'on peut tirer de la photographie spécialement appliquée à ce genre de reproduction. D'autres avant lui avaient fait des essais analogues non sans succès, mais en négligeant un des termes du problème, le bon marché. Les expériences de M. Benjamin Delessert ont été particulièrement dirigées de ce côté ; il a longtemps cherché parmi tous les procédés photographiques non-seulement le plus sûr, mais le moins dispendieux, et ce qui prouve qu'il a bien choisi, c'est la parfaite réussite et le prix plus que modeste des échantillons qu'il nous donne. Il n'a donc qu'à s'applaudir de sa persévérance ; elle aura rendu aux arts un véritable service, et nous ne le félicitons pas seulement d'avoir conçu l'idée de ce travail, de l'avoir patiemment exécuté, nous lui savons également gré du choix qu'il a fait de Marc-Antoine pour inaugurer ses essais, de la prédilection éclairée que lui inspire ce grand artiste, et de la notice simple et concise qu'il lui a consacrée.

Parlons d'abord du travail photographique, nous finirons par quelques mots sur Marc-Antoine.

Il y a des gens qui ont le daguerréotype en horreur, et franchement ils n'ont pas tort, pour peu que cet instrument affecte la prétention de se substituer à l'art et de se mettre aux prises avec la nature vivante. Ces tentatives, si habilement qu'elles soient conduites, si perfectionnées qu'elles soient, ne servent qu'à constater, mieux encore que de simples paroles, la différence infranchissable qui sépare la vie de la mort, le mouvement de l'immobilité. Un portrait photographié, nous parlons des meilleurs et des plus rapidement faits, n'est et ne sera jamais que l'image d'une léthargie. Ce qui constitue la vie, c'est une succession non interrompue de phénomènes qui se suivent et s'enchaînent si rapidement qu'on ne peut les diviser même par la pensée ; pour exprimer cette succession, pour la fixer sur la toile, l'art use de stratagème, invente des à-peu-près, imagine des tempéraments. Il ne cherche pas à surprendre, à saisir comme au passage la physionomie de son modèle dans tel ou tel moment divisible de la durée ; il compose par une intuition complexe une sorte d'instant moyen qui, résumant en lui seul plusieurs instants distincts, en simule la succession : c'est par cet artifice qu'il crée l'illusion de la vie. Une machine au contraire n'a pas toutes ces finesses : elle arrête brusquement l'aiguille, et la montre ne marche plus. Ces figures dont vous me faites voir l'empreinte, je sens qu'elles vivaient, qu'elles respiraient, qu'elles pensaient au moment où vous avez saisi leur reflet ; mais au contact de votre instrument, elles se sont arrêtées, glacées, pétrifiées. C'est le même effet, ni plus ni moins, que l'effet d'un moulage. Au lieu d'un rayon lumineux, appliquez sur la figure humaine un mastic, un enduit, un masque de cire ou de plâtre, et vous obtiendrez un moule littéralement exact de la charpente osseuse, des parties solides et résistantes du visage ; mais les parties souples et flexibles, les lèvres, les paupières, ces subtiles membranes où se concentrent toutes les délicatesses de la sensibilité, en les touchant vous les avez offensées, elles se sont crispées, contractées, et vous n'en avez dans votre moule qu'une difforme et mensongère image. De là ces bustes moulés sur nature dont la soi-disant ressemblance est une glaciale parodie et qui sont condamnés, lors même qu'après coup l'art les rajuste et les ranime, à conserver toujours un aspect cadavéreux.

Dans les portraits photographiés, cette inertie de la figure est d'autant plus sensible que, par un étrange contraste, les vêtements, les meubles, tous les accessoires en un mot, semblent pour ainsi dire animés et vivants. Grâce à leur immobilité, la lumière les atteint et les frappe sans jamais altérer leur surface ; ils posent admirablement, et sont par la même reproduits d'une façon si nette et si complète qu'ils en acquièrent une saillie, un relief et je ne sais quoi de piquant qui exagère leur importance. Tout est donc, d'un côté, épaissi, grossi, déformé, l'œil est mort ou parfois fixe et hagard, la bouche grimaçante, la main lourde et massive, tandis que de l'autre, tout est fin, tout est précis, tout, jusqu'aux plus imperceptibles détails, est délicatement exprimé.

Quand les Flamands, de la pointe de leur pinceau, s'amusent à tracer maille par maille la plus transparente dentelle, à découper soit le plus mince ruban, soit la plus subtile écorce de citron, ils font au moins le même honneur à la figure humaine. Le temps qu'ils passent à brillanter le satin d'une robe, ils ne le refusent pas à velouter les joues ou les épaules de celle qui la porte. C'est la nature vue du petit côté, du côté microscopique ; mais au moins dans cet ensemble factice on retrouve un certain reflet de l'harmonie de la nature. Avec la photographie, cette harmonie disparaît. L'instrument suit sa pente fatale : il accuse outre mesure ce qu'il est apte à exprimer ; il altère, il dénature ce qui lui résiste et lui échappe. L'accessoire devient le principal : tout est brouillé et confondu.

S'ensuit-il qu'il faille prendre en dégoût cette merveilleuse invention ? Autant vaudrait maudire la vapeur, l'électricité, toutes les découvertes de la science moderne, parce que les progrès qu'elles engendrent ne sont pas dépourvus de quelques inconvénients. Si la photographie ne servait qu'à fabriquer des portraits, ce serait un maussade cadeau que nous aurait fait la science : mais à combien d'emplois utiles ne peut-on pas l'appliquer ! que de services ne peut-elle pas rendre à l'archéologie, aux arts mécaniques, aux sciences naturelles ! Toutes les fois qu'il n'est question que de calquer des objets inanimés, des pierres, des métaux, elle a sur la chambre claire, sur tous les autres procédés de reproduction où la main de l'homme est un auxiliaire nécessaire, la plus incontestable supériorité ; elle opère plus exactement et plus vite. Mais ce qu'elle fait le mieux sans contredit, c'est ce que lui a demandé M. Delessert, c'est-à-dire le *fac simile* d'estampes et d'imprimés, d'objets planes et sans saillies, n'ayant besoin d'être ni traduits ni interprétés, et pouvant se reproduire tels qu'ils sont. Les monuments, les bas-reliefs, les

Marc-Antoine Raimondi

statues, tous les corps immobiles, mais saillants, risquent de n'être copiés qu'avec de légères altérations provenant de la différence des plans et île la déviation de certaines lignes droites sur la courbe de l'objectif. Au contraire, rien de plus mathématiquement fidèle, rien de plus exactement calqué que ces contre-épreuves de gravures. Ce sont de vrais trompe-l'œil. Vous pouvez mettre en présence les copies et les originaux, à peine les distinguerez-vous, et c'est une industrie qui vient de naître ! Que de perfectionnements ne recevra-t-elle pas ! toutes les épreuves aujourd'hui ne sont pas également bonnes ; il faut, pour les bien tirer, une dextérité qui ne s'acquiert que par l'usage. Avec le temps, l'habileté sera devenue si grande, cet art du *fac simile* photographique aura fait de tels progrès, qu'on reproduira les dessins tout aussi bien que les estampes, et non-seulement les dessins à la plume et au crayon noir, mais ceux qui n'ont pas la même analogie avec les gravures imprimées, les dessins à la sanguine, à la sépia, à la mine de plomb. Ce sera là vraiment une conquête, et nous l'appelons de tous nos vœux.

Les dessins des grands maîtres, quel délicieux régal ! On ne connaît pas un peintre, même un peintre coloriste, quand on n'a vu que ses tableaux : il faut connaître ses dessins. C'est là qu'on entre avec lui en un commerce intime et vraiment instructif ; dans le domaine de l'art, les dessins sont les causeries du coin du feu, les tête-à-tête avec leurs confidences et leur laisser-aller. Là seulement on apprend à saisir le premier mot, le tour naturel et instinctif de la pensée pittoresque, à distinguer par quel chemin elle s'élève à la forme et à l'effet. Chez les uns, ce premier jet est complexe et embarrassé, c'est à force de réflexion et d'étude qu'il s'épure et s'éclaircit ; chez d'autres, il est saisissant, lumineux, plein d'espérances et de promesses que l'exécution ne tient pas toujours. Passez du grand salon du Louvre dans ces anciennes salles du conseil d'état, aujourd'hui tapissées de dessins, il n'est pas un des maîtres dont vous venez d'admirer les œuvres sous leur forme définitive et arrêtée, qui n'ait encore quelque chose à vous dire, et dont vous ne sentiez mieux l'esprit et le caractère quand vous êtes en face du moindre de ses croquis.

Malheureusement c'est chose rare que ces sortes d'entretiens avec les dessins des maîtres. Les mêmes causes qui ont détruit tant de gravures anciennes ont fait périr bien des dessins. Ceux qui survivent et dont l'authenticité est hors de doute sont par là même hors de prix. On les conserve avec des soins extrêmes, loin de l'air et du jour, dans des portefeuilles ou des tiroirs bien clos, qui ne s'ouvrent que par grande faveur. Il y a bien quelques cabinets, et notre Musée est du nombre, qui ont pris le parti plus libéral et tout aussi conservateur d'exposer les dessins sous verre. On ne gagne vraiment rien à les envelopper et à les calfeutrer : du moment qu'on ne renonce pas à les laisser voir quelquefois, ils courent plus de dangers à sortir d'un portefeuille, munie à longs intervalles, qu'à subir derrière une glace l'action d'un jour modéré. Cet usage d'exposer les dessins, déjà assez ancien chez nous, a pris récemment d'heureuses extensions : nous nous en félicitons ainsi que d'un commencement d'arrangement méthodique qui donne à notre collection une valeur toute nouvelle, et en fait, comme il convient, la digne succursale de notre galerie de tableaux ; mais pour exposer des dessins il faut beaucoup d'espace : placés à trop grande hauteur, ils cesseraient d'être visibles. Dans ces vastes salles du Louvre, on a eu beau créer des subdivisions intérieures pour suppléer au défaut de surface des murailles, c'est tout au plus si le quart de la collection a pu être exposée. Et que dire de toutes ces autres grandes collections d'Europe qui ne sont pas exposées du tout ? Que de richesses enfouies ! Les voyageurs les plus libres de leur temps, les moins pressés, ceux qui, dans une galerie, savent le mieux abuser de l'obligeance des conservateurs ou de la facilité des gardiens, ne comptent cependant que par heures le temps qu'ils ont passé dans les cabinets de dessins de Florence, de Milan, de Munich, de Dresde ou de Merlin. Quatre ou cinq heures à feuilleter des portefeuilles, sans compter le temps perdu à les faire ouvrir, ce sont des jours vite écoulés. Puis le lendemain vous partez, et vous voilà séparés de ces chefs-d'œuvre peut-être pour toujours. Les tableaux du moins, les tableaux capitaux de chaque galerie, sont gravés, copiés, on peut presque partout en retrouver un semblant, une image ; il n'en est pas ainsi des dessins : ceux qui vous ont le plus charmé vous échappent comme les autres, et vous n'en emportez qu'un souvenir fugitif et confus. Eh bien ! à l'avenir vous pourrez vous en procurer d'exactes reproductions, vous les aurez chez vous, sous votre main, à chaque instant du jour ! Si mal disposé qu'on soit pour la photographie, il y a certainement là de

Marc-Antoine Raimondi

quoi se réconcilier avec elle.

Mais une objection s'élève : si la photographie réussit à reproduire les dessins, c'en est fait de la gravure. Qui voudra passer sa vie et ruiner sa santé à tailler et retailler une plaque de cuivre, quand, en quelques secondes et sans le moindre effort, on obtiendra les mêmes résultats ? C'est donc la mort de la gravure au burin que votre diabolique invention, la mort de cet art patient et sérieux qui a fleuri si noblement en France, et qui nous a rendu le signalé service non-seulement de traduire et de sauver de l'oubli des chefs-d'œuvre, mais d'en créer à son tour par la puissance et par la variété de ses moyens d'effet. N'est-ce pas assez que la *lithographie*, l'*aqua-tinta*, la *manière noire*, ces nouveautés subalternes et expéditives, lui disputent son vieux domaine et accaparent ces travaux quotidiens et lucratifs qui jadis la faisaient vivre et l'aidaient à soutenir ses grandes entreprises ? Faut-il lui enlever encore sa ressource dernière, les commandes de l'état ? Et quelles commandes ! il ne s'agit, notez bien, ni de galeries de tableaux, ni de séries de portraits, ni de toutes ces merveilles que les deux derniers siècles ont fait éclore à grands frais sous un royal patronage ; tout ce qu'on demande aujourd'hui à nos Audran, à nos Nanteuil, tout ce que l'état leur octroie pour les soutenir dans leur rude carrière, c'est une suite de *fac simile* d'après les dessins du Louvre : travail peu grandiose assurément, mais utile ; projet intelligent, idée pratique et bien exécutée. Les quinze ou vingt planches d'essai qui déjà ont vu le jour ne méritent pour la plupart qu'éloge et encouragement. Eh bien ! va-t-il falloir que tout cela s'interrompe ? Tous ces graveurs vont-ils se croiser les bras ? N'y aura-t-il de travail que pour une machine ?

Voilà ce qu'on se demande, et ce n'est pas sans raison. L'exemple du passé n'est pas encourageant. Que n'a-t-on pas dû dire au XVe siècle, quand pour la première fois quelques centaines d'épreuves d'un même dessin ont apparu en même temps, toutes identiques, toutes faites d'un même coup pour ainsi dire, ou du moins tirées d'une même planche ! Quel bouleversement d'idées et d'habitudes ! Qu'allaient devenir les copistes, ces recrues des ateliers ? Remarquez que depuis le commencement du monde, pour reproduire un chef-d'œuvre, pour le faire admirer hors des murs où il était né, on n'avait jamais connu qu'un moyen, la copie, la copie faite à la main. De là, dans l'antiquité, toutes ces répétitions des mêmes œuvres répandues en tant de lieux ; de là des bataillons de copistes commandés par les chefs d'écoles, travaillant sous leurs yeux, à leur voix, et souvent avec leur secours. L'art de copier, ainsi organisé, était tout à la fois une industrie et une initiation. La multitude des apprentis devenait la pépinière des grands artistes. Sans écoles nombreuses, point de fortes doctrines, point d'autorité chez les maîtres, point de constance dans les traditions, point de perfectionnements continus. Aussi, quand, au moyen âge, les arts sortirent de leur sommeil, on vit reparaître cette puissance des écoles reposant encore une fois sur le grand nombre des copistes ; elle se prolongea durant le XVIe siècle, puis s'éteignit peu à peu, à mesure pour ainsi dire que l'usage de la gravure devenait plus répandu et plus universel. Le nouveau procédé, bien que la main de l'homme en fût encore le principal agent, avait suffi pour éclaircir les rangs des adeptes de l'art ; il avait affaibli et contribué à dissoudre ces grandes associations, ces groupes disciplinés qui opposaient aux écarts du goût individuel de salutaires résistances ; que sera-ce donc quand, pour reproduire les dessins, il ne sera même plus nécessaire de savoir dessiner ! Si le graveur avec son burin mettait cent copistes à l'aumône, du moins il était artiste, il avait hanté les écoles, il avait suivi pas à pas, dans son long apprentissage, le peintre et le sculpteur, tandis que, sans rien savoir, avec un peu d'adresse et deux ou trois notions de physique et de chimie, on devient, quand on veut, photographe.

Tout cela n'est que trop vrai. Ce n'est pas seulement la gravure, c'est l'art lui-même qui serait atteint, si le burin succombait dans cette lutte avec les procédés mécaniques ; si la révolution commencée par lui il y a quatre siècles se poursuivait désormais contre lui. La gravure est déjà une vieille puissance : on veut la détrôner, c'est trop juste ! L'art n'est-il pas en butte aux mêmes contagions que la Société ? Il faut s'attendre à tout ; mais, jusqu'à nouvel ordre, y a-t-il lieu de sonner l'alarme ? De quoi s'agit-il ? de la reproduction des dessins. Eh bien ! quand la photographie parviendrait à imiter les dessins aussi parfaitement qu'elle contrefait les estampes, tout serait-il donc perdu ? Ne resterait-il pas au burin sa plus belle et sa plus noble part, le don d'interpréter un tableau, c'est-à-dire l'intelligence et le sentiment ? Pour tout instrument, quel qu'il soit,

Marc-Antoine Raimondi

ce sont des fruits défendus. Calquer des traits et des hachures, à la bonne heure ; mais copier, rien qu'avec du noir et du blanc, les variétés de la couleur, les dégradations de la lumière, les profondeurs de la perspective, et mieux que cela, les passions de l'âme, copier en interprétant, il faut la main de l'homme pour ce genre de besogne, lui seul a le droit d'y toucher. Aussi, tant qu'on fera des tableaux, des tableaux qui vaudront la peine d'être interprétés et traduits, soyez tranquilles, le burin survivra.

Mais fera-t-on longtemps des tableaux ? C'est une autre question. Au train dont va ce monde, nous n'en voudrions pas répondre. De progrès en progrès, on peut aboutir à tout, même à la peinture mécanique. Ne fait-on pas déjà grand cas de la lithochromie ? La machine à peindre existe donc, il ne s'agit que de la mettre en vogue par quelque invention nouvelle, et bientôt la peinture à la main ne sera plus qu'une antiquaille soutenue seulement par quelques entêtés ! De deux choses l'une, ou le flot démocratique cessera de monter, ou l'ère de la lithochromie brillera sur la France. Pour le coup, nous ne le contestons plus, la taille-douce aura cessé de vivre, et la photographie régnera sans rivale.

Arrêtons-nous : ce sont là de mauvais rêves qu'il faut laisser aux esprits chagrins. Après tout, notre temps, si béotien qu'il soit, sait encore acheter les tableaux et les paie à beaux deniers comptants, comme s'il les aimait. À défaut d'enthousiasme et de goût, nous avons, pour soutenir les arts, le luxe et la vanité. C'est un secours qui peut durer longtemps. Pour ne parler que de la gravure au burin, elle vivra, soyez-en sûr, en dépit des concurrences, moins encore parce qu'il y a des choses qu'elle seule sait exprimer, que parce qu'elle est d'un prix que tout le monde ne peut atteindre. Elle vivra d'une vie factice, comme une plante de serre chaude, comme une industrie subventionnée, à la façon de Sèvres et des Gobelins. Il y a loin de là, sans doute, aux jours de sa jeunesse, à cette explosion de faveur populaire et d'étonnement sympathique qui accueillit, ses premiers essais. La joie était si grande alors dans tous les cœurs d'artiste ! Un théâtre si vaste et si nouveau s'ouvrait à leur pensée ! La publicité de leurs œuvres, quelle enivrante perspective ! C'était pour eux le Nouveau-Monde que l'impression des estampes. Le même élan, la même ardeur qui emportait au-delà des mers le hardi navigateur, poussait l'artiste au maniement du burin, à la recherche de ses secrets, de ses ressources. À peine éclose, l'invention florentine s'était répandue, comme par une commotion électrique, dans tous les lieux d'Europe où les arts étaient cultivés. Bile apparaissait à Bruges, à Colmar, à Nuremberg, presque en même temps qu'à Florence et à Bologne, et partout elle éveillait les mêmes transports, la même émulation : partout elle enfantait, du premier coup pour ainsi dire, d'inimitables chefs-d'œuvre.

C'est là, dans l'histoire de l'art, une phase qui ne ressemble à aucune autre. Jetez-y les yeux, aussitôt vous rencontrerez la figure de Marc-Antoine. Il apparaît tout d'abord, non qu'il soit venu des premiers dans la lice, non qu'il n'ait hors d'Italie des rivaux à sa taille, mais parce qu'un lien indissoluble attache à son nom un autre nom, parce que, indépendamment de sa propre puissance, il en a emprunté une qu'aucune autre n'égale. Marc-Antoine n'est pas seulement un des plus fins, des plus savants, des plus résolus praticiens qui aient jamais manœuvré le cuivre ; il est le représentant de la pensée de Raphaël, le confident et le révélateur d'une portion de ce génie divin : c'est par là qu'il domine tout.

Ce peu de mots indiquent et résument d'avance ce que nous avons à dire de Marc-Antoine.

À lui seul qu'eût-il été ? Un des maîtres de son art, cela ne fait pas question. Il était né graveur. Quelque direction qu'il eût prise, sa main eût été sûre, spirituelle, énergique, naïve et précise à la fois. Il eût marché de pair avec Lucas de Leyde et Albert Durer ; moins suave que le premier, moins hardi que le second, luttant d'habileté technique avec eux, ne les surpassant pas. Pour les vaincre, ou du moins pour prendre dans l'opinion des hommes une place à part, un rang plus élevé, il fallait changer de terrain, ne pas viser seulement à la perfection du métier, tendre à la simplicité, à la grandeur du style. C'est ce qu'a fait Marc-Antoine dans la seconde moitié de sa vie ; mais l'eût-il fait de son propre mouvement, n'obéissant qu'à lui-même, à ses penchants, à ses instincts ? Nous en doutons.

Examinez les œuvres de sa jeunesse, les soixante ou quatre-vingts planches qu'il a gravées jusqu'à l'âge de trente ou trente-deux ans, soit d'après ses propres dessins, soit d'après les dessins d'autrui. Dans le nombre il y a déjà des chefs-d'œuvre ; mais quel en est le caractère dominant ? Y trouve-t-on une aspiration, même timide et confuse, vers cette pureté de forme et de contours, vers cette simplicité de moyens que plus tard il devait priser et rechercher avant tout. C'est à peine s'il entrevoit de temps en temps ce but suprême, et à tout moment il s'en écarte. Ce qui le séduit, ce qui l'attire, c'est la finesse du travail, la souplesse de l'outil. Il est connue indifférent à la beauté des choses et sensible seulement à la manière de les exprimer. Ce n'est pas le but de l'art, c'est le moyen qui le passionne et le préoccupe. Aussi, dès qu'il aperçoit quelque part un emploi neuf et heureux des ressources du burin, un progrès dans la façon de tracer ou de diriger les tailles, il s'élance à la suite du novateur, n'importe d'où il vienne. Non-seulement il lui emprunte son secret, mais pour se l'approprier plus sûrement, il adopte du même coup sa manière de voir et de sentir, sans s'inquiéter s'il voit en beau ou en laid, à l'italienne ou à la flamande, s'il fait des Vénus ou des magots.

De là dans l'œuvre de Marc-Antoine d'étranges disparates et un contraste profond entre deux phases de sa vie. On serait tenté de croire que le travail de deux mains différentes a été faussement attribué à un seul homme, si, sous ces dissemblances de dessin, d'évidentes analogies d'exécution ne venaient constater une identité d'origine. La plupart des grands artistes ont aussi, dans le cours de leur vie, modifié à certains jours le caractère de leur talent ; mais jamais, en changeant de manière, ils n'ont passé de l'une à l'autre brusquement et sans transition. Les dernières œuvres de la période qui finit ont en général avec les premières de celle qui commence un certain air de famille. Chez Marc-Antoine, le changement s'opère à vue, rien ne l'annonce ni le prépare. Ce n'est pas une modification graduelle et successive, c'est une illumination soudaine, une transformation, une conversion ; on pourrait presque dire que le chemin de Rome a été pour lui le chemin de Damas.

Né à Bologne, il était dès son enfance entré chez Francia, s'était formé aux leçons de ce grand artiste, avait conquis son amitié ; mais pendant douze ou quinze ans passés près de sa personne, s'était-il pénétré de son esprit ? Avait-il, comme lui, avec foi, avec amour, voué son talent au culte de la pure et céleste beauté ? Avait-il adopté ces types un peu monotones, mais d'une si noble profondeur, d'une expression si gracieuse et si touchante, qui nous charment dans les tableaux du maître bolonais ? Non, ce n'était pas le peintre, c'était l'orfèvre dont Raimondi avait suivi et compris les leçons. Francia, ne l'oublions pas, ne fit son premier tableau que vers 1490, quand il avait déjà plus de quarante ans : jusque-là il n'était connu à Bologne et en Italie que comme orfèvre, ou pour mieux dire comme ciseleur et nielleur. Son renom était déjà grand, puisqu'au dire de Malvasia on comptait dans son atelier jusqu'à deux cent vingt élèves à la fois. Longtemps encore il conserva cette vogue, même lorsque, entraîné par sa vraie vocation, il eut presque abandonné l'orfèvrerie pour la peinture ; mais dans sa nouvelle carrière il ne fit point école, ou du moins aucun disciple ne continua franchement ses traditions. La peinture était pour lui une œuvre intime et presque mystérieuse, une sorte de sanctification. Il trouvait dans ses pinceaux, mieux que dans la ciselure et dans ses autres travaux à demi industriels et mondains, la satisfaction des penchants religieux et mystiques qui remplissaient de plus en plus son âme à mesure qu'il avançait dans la vie. C'étaient là des plaisirs qu'il gardait pour lui seul, des secrets qu'il ne pouvait enseigner. Marchant au rebours de son siècle, il commençait à peindre à la façon du Pérugin au moment où celui-ci commençait à vieillir et où la mode allait l'abandonner. Aussi quelle fut sa joie quand il vit descendre d'Urbin, puis de Pérouse, comme un Joas élevé dans le temple, cet enfant, ce Raphaël, qui apportait aux vieux athlètes de la sainte cause le secours du plus merveilleux talent que le monde eût encore vu ! Quel attendrissant spectacle que le vieillard illustre envoyant au jeune homme son amitié et son portrait ! et que dire de Vasari, qui ose nous le montrer mourant comme un envieux vulgaire pour avoir vu à Bologne un chef-d'œuvre de son ami ? Le mensonge fût-il moins manifeste, le peintre bolonais n'eût-il pas prolongé sa vieillesse près de dix ans après le jour où Vasari le fait mourir, sa mémoire n'en serait pas moins à l'abri de cette offense. L'émotion qu'il ressentit devant la *sainte Cécile* fut un saisissement de respectueuse admiration, et tout au plus poussa-t-il secrètement un soupir à la vue de certaines beautés qui pouvaient exciter ses alarmes.

Il y a donc eu deux hommes en Francia : la postérité ne connaît que le second ; Marc-Antoine n'a été le disciple que du premier. C'est l'art de nieller, ou, pour mieux dire, de graver sur métal, qu'il était venu demander à son maître ; il ne lui emprunta pas autre chose. Bien qu'il ait vécu presque constamment à Bologne jusqu'en 1508, et qu'il ait assisté par conséquent à la grande ferveur de Francia pour la peinture sacrée, il n'en fut pas détourné de ses études spéciales et techniques. De la niellure, il était passé à la gravure proprement dite, à la gravure destinée à l'impression, et dans cet art nouveau, Francia, bien qu'il s'y fût exercé lui-même quelque temps, ne pouvait donner que des conseils et non pas des leçons. L'élève s'émancipa donc, laissant son maître plongé dans sa mysticité, et ne songeant, quant à lui, qu'à son burin et à ses plaisirs. Les ateliers de Bologne n'étaient alors guère plus orthodoxes que ceux de Florence et de Mantoue, et dans les rangs de cette jeunesse railleuse, éprise de l'Olympe, ennuyée du Paradis, Marc-Antoine n'était ni le moins sceptique ni le moins dissolu. De là vient que pendant tant d'années passées près de Francia, il ne fut pas pour lui, comme plus tard pour Raphaël, un interprète assidu et empressé. Il grava bien quelques planches d'après son maître, mais sans lui rendre grand service, car c'est en général sur des dessins mythologiques que son choix est tombé, genre dans lequel Francia est froid, incorrect et au-dessous de lui-même. S'il a reproduit aussi quelques figures de saints, quelques sujets de piété attribués par Bartsch à Francia, l'attribution en est au moins douteuse, tant le caractère dominant dans la peinture du maître est absent dans ces gravures. Une fois pourtant, par exception, il s'est assujetti à copier une œuvre franchement empreinte de l'esprit de Francia. Il s'agit de l'estampe décrite dans le catalogue de Bartsch, sous le n° 121, et représentant *sainte Catherine* et *sainte Lucie*. Les deux vierges sont debout, en extase, Catherine appuyée sur l'instrument de son martyre. Là point de contestation possible : ces deux figures, peintes comme tableau d'autel en 1502, sont aujourd'hui dans le musée de Berlin (n° 269), et le style du maître y brille dans toute sa simplicité expressive et pénétrante. L'estampe n'est, à vrai dire, qu'un simple trait soutenu par quelques hachures ; mais quelle intelligence des intentions du peintre ! Comme tout est accusé ! quelle onction dans ces têtes ! quelle justesse, quel sentiment dans ces poses ! Pourquoi tous les tableaux de Francia, les principaux du moins, n'ont-ils pas eu même bonheur ! quel profit pour le maître, pour l'élève et pour nous ! Mais le capricieux jeune homme n'était pas encore d'humeur à se fixer ainsi. Il semble qu'après cet essai,

Louis Vitet

après cet acte de soumission et de complaisance, il ait eu hâte de respirer plus à l'aise, de s'affranchir un instant de cette pureté angélique et idéale, de cette suavité des contours italiens, pour chercher, sous des formes plus prosaïques, certains secrets de son art que la Flandre et l'Allemagne pouvaient seules lui enseigner.

Il les eût vainement demandés à l'Italie : dans la patrie de Finiguerra, la gravure n'avait fait, pendant ces quarante années, que d'insensibles progrès, tandis qu'au-delà des monts elle se perfectionnait à vue d'œil. Aussi ne voulait-on plus à Venise, à Florence, à Milan, que des estampes étrangères. Ce travail précieux, ces tailles franches et moelleuses excitaient des transports d'admiration. Le public en était épris presque autant que les gens du métier. On peut dire sans exagération que pendant dix ou quinze ans l'Italie raffola de Martin Schongauer. Sous ce nom, on désignait alors, comme on l'a fait longtemps, et le maître de 1466 et tous les graveurs primitifs allemands, suisses ou flamands. Chose étrange qu'un pareil engouement, même passager, chez ces Italiens si exclusifs, si dédaigneux en matière d'art, si convaincus, comme autrefois leurs pères, les Romains, qu'en dehors de leur presqu'île tout n'était que barbarie ! D'où leur venait ce goût si contraire à leurs penchants ? Comment acceptaient-ils ces formes dépourvues de noblesse et de correction, cette bonhomie triviale et souvent grossière ? Ils cédaient à un puissant attrait, la perfection du métier, et à la nouveauté, autre amorce non moins puissante. On se laisse aller si aisément et sans y prendre garde à la séduction d'un travail exquis et délicat ! et pour des esprits un peu blasés par la constante admiration de beautés d'un certain ordre, c'est quelque chose de si piquant et de si tentateur qu'un système tout nouveau qui dépayse et rafraîchit les impressions. Puis, il faut bien le dire, tout n'était pas systématiquement trivial dans les œuvres de Schongauer et de ses habiles contemporains. A. côté de figures grotesques et de types plus que vulgaires, il y avait des visages de vierges, des têtes de chérubins d'une grâce parfaite, d'une ravissante candeur, beautés peu méridionales, il est vrai, mais unissant au charme d'une certaine nouveauté l'attrait d'une pureté presque irréprochable. Quoi qu'il en soit et quelque explication qu'on adopte, il est un fait certain, c'est que vers le dernier quart du XVe siècle, à la faveur d'invasions réitérées de ces estampes venues du Nord, une sorte de goût prosaïque, étranger au terroir, se répandait en Italie. Les traces s'en voient partout, notamment dans la peinture. À l'altération des types, on sent que les yeux du public commencent à se familiariser avec un certain germanisme. La contagion est encore faible, mais que de ravages elle pouvait faire, si le triple ascendant de Léonard, de Raphaël et de Michel-Ange n'était venu l'arrêter !

Il ne faut donc pas s'étonner que Marc-Antoine à son âge, et graveur avant tout, se soit épris de ces nouveautés, qu'il ait cherché des leçons dans les estampes du maître de Colmar plutôt que dans les tableaux du peintre bolonais, et qu'il n'ait pris pour modèle ni Baldini, ni Robetta, ni Benedetto Montagna, ni Pollaijuolo, ces estimables et pâles continuateurs de Finiguerra, ni même Andréa Mantegna, malgré sa grande et libre façon de traiter le burin, manière de peintre plutôt que de graveur. Ce n'était pas là ce qu'il cherchait ; il voulait acquérir des qualités pratiques que les Allemands seuls possédaient. Il fallait donc qu'il étudiât, qu'il imitât les Allemands, et l'attrait qui l'attirait de ce côté devint bien plus puissant encore quand il eut révélation du génie d'Albert Durer, quand les estampes du grand artiste eurent pénétré en Italie.

On les reçut à Bologne presque aussitôt qu'à Venise, n'en déplaise à une historiette répétée, sur la foi de Vasari, par tous les biographes de Marc-Antoine. À les en croire, ce serait à Venise, en 1509, lorsqu'il avait déjà trente ans, que Marc-Antoine aurait connu pour la première fois le talent d'Albert Durer. En passant devant Saint-Marc, il aurait par hasard aperçu dans les mains d'un marchand d'images un certain nombre d'estampes gravées sur cuivre et sur bois par le maître de Nuremberg, entre autres les trente-sept feuilles de la Passion de Jésus-Christ, et bien vite il les aurait acquises, vidant sa bourse dans la main du marchand, et dépensant ainsi d'un seul coup tout l'argent destiné à son voyage ; puis on ajoute que l'idée lui vint ce jour même de copier sur cuivre ces compositions gravées sur bois par l'auteur. Or comme il a réalisé ce projet, comme il a gravé d'après Albert Durer non-seulement ces trente-sept planches de l'histoire de la Passion, mais dix-sept planches représentant la vie de la sainte Vierge, plus seize autres planches de sujets détachés, savoir en tout soixante-neuf planches, et comme ces copies étaient toutes terminées et publiées avant qu'il partit pour Rome en 1510, on peut répondre hardiment que ce n'est pas en 1509 qu'il les avait commencées ; jamais un tel travail ne se fût accompli en une seule année, c'est déjà presque un prodige si en trois ou quatre ans il a pu être exécuté. On sait d'ailleurs, par une preuve authentique, que plus de trois ans avant d'être allé à Venise, avant sa prétendue trouvaille de la place Saint-Marc, Raimondi travaillait d'après Albert Durer, puisqu'une des planches copiées par lui, le *saint Jean* et le *saint Jérôme* (n° 643 du catalogue de Bartsch), porte une date qui n'est pas dans l'original (n° 112 de l'œuvre de Dürer), et qui a été évidemment ajoutée par le copiste ; cette date est 1506. En rappelant ce fait, qui infirme nécessairement l'anecdote de Vasari, M. Delessert fait observer qu'en cette même année 1506 Marc-Antoine avait pu voir à Bologne non-seulement les œuvres, mais la personne d'Albert Dürer, puisque dans une des lettres adressées à son ami Pirckheimer, lettre écrite de Venise et datée du quatorzième jour après la Saint-Michel 1506, Dürer raconte qu'il est sur le point de partir pour Bologne et que son dessein est d'y passer dix ou douze jours.[1] Il est à présumer qu'il fit cette excursion et que le jeune Raimondi eut occasion de connaître, peut-être même de consulter celui dont à coup sûr il commençait dès lors, sinon à copier, du moins à imiter les œuvres. La *Mort de Pyrame et de Tisbé*, la première planche que Marc-Antoine ait datée, est de 1505, et dans cette œuvre si imparfaite, d'un dessin si raide, nous dirions presque si barbare, on trouve déjà des réminiscences d'Albert Dürer, notamment la manière dont sont traités les détails de végétation et certains accessoires des premiers plans. Peut-être même parmi les planches non datées, mais très probablement antérieures à celle-là, en pourrait-on citer qui offrent des traces plus anciennes de cette même influence.

Peu importe après tout quel est au juste le moment où Marc-Antoine a commencé ses imitations d'Albert Dürer : avant de s'attacher à ce puissant modèle, il imitait Schongauer et les maîtres de son école ; c'était déjà la même tendance, la même direction d'études, un exercice de même nature. De ce commerce continuel et prolongé avec l'art allemand est venue la vigueur et la souplesse de son burin. Mais à force de s'expatrier ainsi par ses études, était-il devenu lui-même un pur graveur allemand ? Tant s'en faut. Même

---

1 Voyez le petit in-24 de M. P. Campe, publié à Nuremberg en 1828, et intitula *Reliquien von Albrecht Dürer*, p. 30 et 31.

à cette époque de sa vie où il semble livré corps et âme à l'imitation, il ne perd pas toute originalité. L'Italien se retrouve et reparaît à tous moments : sans cesse il lui échappe des contours arrondis, des airs de tête pleins de noblesse, des extrémités étudiées à la manière antique, des jets de draperies simples et grandioses ; on sent que, tout en suivant ses guides germaniques, il ne perd de vue ni Mantegna, ni Bellini, ni Verocchio, ni l'antiquité. Sa main seule obéit sans regret aux influences étrangères, son esprit hésite, va et vient, résiste et flotte indécis. Il en résulte un mélange continuel des styles les plus opposés, mélange qu'on retrouve dans toutes ses planches de cette première période. Aussi rien de plus difficile que de classer chronologiquement ces planches. À l'exception de celles, en assez petit nombre, qui appartiennent évidemment à la première jeunesse de l'auteur, tant elles sont faibles, non-seulement de dessin et de conception, mais de travail matériel, toutes les autres sont à la fois assez habilement exécutées et assez bigarrées de style et de caractère pour qu'on ne sache comment conjecturer dans quel ordre elles se sont suivies. Celles qui portent des dates, il y en a six environ, loin d'éclaircir le problème, ajoutent à son obscurité. Ainsi parmi les pièces datées de 1506, l'une est du commencement de l'année, du mois de mars ou de mai, l'autre du mois de septembre. La première représente une nymphe surprise par un satyre (n° 319 du catalogue de Bartsch). Le satyre et le paysage, le paysage surtout, sont traités à l'allemande, la nymphe est conçue tout autrement, dans un esprit de noblesse et d'élégance. On trouve bien encore quelque lourdeur, quelque sécheresse de dessin dans le corps et dans les jambes, mais la tête vue de profil est d'un accent superbe et d'une haute beauté. Vous êtes tenté de dire : Voilà un progrès notable. Quelle distance entre cette nymphe et la Tisbé de 1505 ! L'artiste se dégage des habitudes de l'étudiant. Il va s'acheminer de lui-même vers le style et la poésie. — Mais pas du tout, l'autre planche, faite six mois plus tard, vient renverser tous vos calculs. C'est une *Vénus sortant des eaux* (n° 312 du catalogue de Bartsch). Quelle Vénus, bon Dieu ! La tête, quoique épaisse et arrondie, ne manque pas de quelque charme, mais le corps est d'une ampleur si prodigieuse que les formes les plus rebondies de l'école de Rubens semblent sveltes et décharnées auprès de celles-là. Pour trouver un Pâris qui osât donner la pomme à une Vénus ainsi faite, il faudrait être au pays des Hottentots. Nous voici donc, au bout de six mois, retombés dans le prosaïsme le plus flamand ! Ainsi point de progrès continu, point de vocation décisive ni dans un sens ni dans l'autre : une hésitation incessante, un besoin d'essayer de tout sans pouvoir rien préférer ; des facultés merveilleuses, incapables de perfection faute d'un but et d'une règle. Point d'affection, point de croyance, la foi seulement en son métier, tel se montre à nous Marc-Antoine jusqu'en 1510.

Mais nous touchons à ce coup de théâtre dont nous parlions tout à l'heure. Ma hasard met Raimondi en rapport avec Jules Romain : ils échangent des lettres, des dessins ; bientôt l'envie prend au graveur d'aller voir de ses yeux les merveilles que le peintre lui raconte, et le voilà parti pour Rome, c'est-à-dire le voilà lancé dans un monde nouveau où ses irrésolutions vont finir, où son esprit va se fixer, se soumettre, croire fortement en quelque chose, où son talent va grandir chaque jour, parce que chacun de ses pas va tendre au même but.

À peine est-il à Rome, il obtient, grâce à Jules, une insigne faveur : Raphaël lui confie un dessin, une figure de Lucrèce, debout, le bras tendu, prête à se frapper du poignard. Pour traduire cette pensée du maître, que va faire notre artiste ? Cédera-t-il aux habitudes qu'à contractées sa main, appuiera-t-il sur les contours, donnera-t-il à ses hachures un aspect brisé et tourmenté, jettera-t-il dans les accessoires toutes ces finesses de burin qui lui sont devenues familières ? Non, et c'est là qu'est la merveille, il comprend du premier coup comment il faut interpréter son modèle, ce qu'il faut rejeter, ce qu'il faut conserver de toute sa technique amassée depuis quinze ans ; il s'épure, il se modifie, comme si la vue de Rome, le voisinage de tant de chefs-d'œuvre, l'éclat d'un tel génie l'avaient subitement illuminé.

La planche terminée, ce fut pour Raphaël une douce surprise que de se voir ainsi compris : chaque trait de sa plume était fidèlement reproduit ou tout au moins rendu par d'ingénieux équivalents ; pureté de lignes, finesse de contours, souplesse de modelé, rien n'y manquait. Cette Lucrèce était vivante, ce bras allait frapper : c'était le dessin lui-même. Jamais aucun graveur n'était ainsi entré dans la pensée du maître. Il sentit que s'attacher un tel homme, ce serait doubler sa puissance, et de ce jour naquit entre eux une association que la mort seule devait interrompre au bout de dix années.

Ainsi pour la première fois Marc-Antoine s'était affranchi de toute réminiscence germanique ; soutenu par son modèle, par la nécessité de l'imiter dignement, il s'était élevé à l'unité de style : il ne pouvait rester en si beau chemin. La réflexion, l'étude, et mieux que cela, les exemples, les avis, les corrections du maître, eurent bientôt achevé et consolidé sa conversion. En quelques mois, il était devenu le plus fervent, le plus soumis des disciples de Raphaël, le plus exclusivement pénétré de son esprit, le plus fermement résolu à ne comprendre, à ne sentir le beau que de la même façon que lui ; et pendant les dix années que dura sa mission, il n'eut pas un seul jour d'infidélité, pas une hésitation, pas le moindre retour aux bigarrures de sa jeunesse ; jamais il ne descendit de ces hauteurs poétiques où son maître l'avait entraîné. Toutes ses planches en font foi. Dans cette longue série de travaux, tout n'est pas irréprochable ; son burin n'a pas eu toujours même succès : à côté d'œuvres qui défient la critique, il y en a d'inégales, laissant à certains égards quelque chose à désirer ; il n'y en a pas une où se puisse signaler une déviation systématique, un oubli intentionnel des principes fondamentaux de l'art italien. Mais ne l'oublions point, le premier pas dans cette voie, c'est la *Lucrèce*. Quand cette planche ne serait pas par elle-même, par son exécution souple et délicate, par la touchante beauté de l'original, une des pièces les plus précieuses de l'œuvre, elle aurait droit à l'attention par la place qu'elle occupe dans la vie de l'auteur. C'est elle qui marque son entrée, son premier pas dans sa seconde manière ; elle est le point de départ de sa grande renommée. M. Delessert, par toutes ces raisons, ne peut manquer, nous en sommes certain, de comprendre la *Lucrèce* dans sa publication.

Il est une autre planche que nous lui signalerions, si elle n'avait, à plusieurs titres, une notoriété qui dispense de ce soin : nous voulons parler des *Grimpeurs* (n° 847 du catalogue de Bartsch). Cette pièce considérable est d'un beau burin, d'un dessin très étudié ; elle est en outre un exemple presque unique d'une œuvre de Michel-Ange reproduite par Marc-Antoine : c'en est assez pour qu'elle ne puisse être omise ; mais indépendamment de ces mérites, les *Grimpeurs* se recommandent par une circonstance toute particulière.

Louis Vitet

La planche est datée de 1510 ; elle a été gravée à Florence dans une halte qu'y fit l'auteur en s'en allant de Venise à Rome. Il n'avait pu voir le carton de Michel-Ange exposé au Palazzo Vecchio sans être pris du désir d'en copier quelque chose. Son choix tomba sur un groupe de trois soldats florentins que les Pisans surprennent au bain, dans l'Arno, et qui se hâtent de *grimper* sur la berge pour ressaisir leurs armes et leurs vêtements. Ces figures entièrement nues se prêtent par leurs poses aux grands effets de raccourci qu'affectionnait Michel-Ange. Pour un homme qui sortait de copier pendant trois ans Albert Dürer, l'entreprise était hardie d'oser imiter l'ampleur et l'accent fougueux du maître florentin. Marc-Antoine s'en est habilement tiré, bien qu'en atténuant un peu, selon toute apparence, l'énergie de l'original. Sans aller jusqu'à la sécheresse, son dessin, dans ces trois figures, est plutôt correct qu'animé, on voit qu'il a fait effort pour être pur, pour écarter tout souvenir septentrional ; mais il ne s'est imposé cette gêne que pour les figures seulement, pour la partie principale de sa planche ; quant au reste, quant aux accessoires, il s'est dédommagé. Sait-on dans quel fond de paysage il a placé ces trois Florentins ? Dans une forêt tirée trait pour trait d'une estampe faite deux ans auparavant par Lucas de Leyde et représentant le *moine Sergius tué par Mahomet* (n° 126 de l'œuvre de Lucas de Leyde, catalogue de Bartsch). Ce sont les mêmes arbres, les mêmes lointains, la même cabane de bois avec son grand toit pointu ; il n'a omis qu'un tronc d'arbre sur le devant, et de plus il a changé en soldats pisans les quatre bûcherons qui, dans le fond à gauche, débouchent de la forêt. Ainsi à moitié route, et malgré Michel-Ange, il n'était pas encore converti : la bigarrure venait au bout de son burin malgré lui. Cette planche des *Grimpeurs* tient donc aussi sa place, dans l'histoire de notre artiste : elle porte la dernière trace de cet esprit sans discipline, de cette tendance aux disparates dont jamais à lui seul il ne se fût délivré, mais qui allait définitivement disparaître, à Rome, sous une souveraine influence.

Nous n'avons pas dessein de suivre Marc-Antoine dans la partie de sa vie où le voici parvenu ; nous nous engagerions dans un trop long récit, même en ne parlant que de ses chefs-d'œuvre. Apprécier durant cette période son talent de graveur proprement dit, caractériser ce talent, en indiquer la portée et la limite, comparer ses procédés et ses effets aux effets et aux procédés de la gravure moderne, ce serait s'exposer à refaire sans profit ce qui a été fait bien des fois, et à redire ce qu'ici même on a dit, assez récemment encore, avec une saine critique et un jugement exercé.[1] Apprécier au contraire non la forme de ses œuvres, mais le fond, ce serait remonter au véritable auteur de ces pages incomparables, à celui qui les a conçues, créées, inspirées ; ce serait parler non plus de Marc-Antoine, mais de Raphaël, sujet trop riche pour l'aborder incidemment ; nous nous bornerons donc à avoir tenté d'éclaircir, par le rapprochement de quelques faits, l'histoire des phases principales un talent de Marc-Antoine, et l'action décisive et toute-puissante que Raphaël a exercée sur lui.

On peut dire que ces deux hommes étaient prédestinés l'un à l'autre : non qu'il y eût entre les services qu'ils étaient appelés à se rendre, par plus qu'entre leurs génies, la moindre égalité ; mais ce fut pour le maître une heureuse fortune qu'un instrument si docile et si intelligent ; Par lui, sa gloire n'a peut-être pas grandi, elle s'est du moins étendue ; sans compter que ces admirables gravures, en même temps qu'elles propageaient les pensées du peintre, ont servi à en arracher un grand nombre de l'oubli. Mais en revanche que de bienfaits l'élève n'avait-il pas reçus ! D'abord son talent, car dans ses propres mains les dons qui lui venaient de la nature seraient restés pour ainsi dire stériles ; puis sa fortune, nous ne parlons par des sommes considérables que l'auteur des dessins abandonnait au graveur en lui permettant de vendre ses estampes sans autre rétribution qu'une part dans les profits de Baviera, son broyeur de couleurs ; nous parlons de cette autorité prépondérante, de cette suprématie dans son art qui fut pour Marc-Antoine la conséquence immédiate du patronage de Raphaël. Peu après l'apparition de sa seconde planche, *le Jugement de Pâris*, cette merveille qui causa dans Rome un si profond étonnement (*ne stupi tutta Roma*, dit Vasari), les disciples commencèrent à se grouper autour de lui et à lui faire cortège comme au maître lui-même. On vint de tous les points de l'Italie : Agostino di Musi vint de Venise, Marco Dente vint de Ravenne, deux hommes qui profitèrent si bien de ses leçons et l'imitèrent si parfaitement, qu'il faut parfois y regarder de

---

[1] Voir, dans la *Revue des Deux Mondes* du 1ᵉʳ décembre 1850, un article de M. Henri Delaborde sur l'histoire de la gravure.

près pour ne pas confondre leurs œuvres avec les siennes. Après les Italiens vinrent les étrangers : d'abord les Allemands, puis les Flamands eux-mêmes. La réaction était rapide. Cet engouement pour les estampes étrangères qui naguère possédait l'Italie, les étrangers le ressentaient à leur tour pour les estampes italiennes, c'est-à-dire en réalité pour ce style si pur et si exquis dont le graveur bolonais était devenu le représentant. C'était à Raphaël que l'hommage était rendu, mais le succès profitait au graveur. Le comble de sa fortune fut de voir jusqu'aux disciples d'Albert Dürer accourir dans son atelier, et l'école de celui qui la veille il était l'humble imitateur venir se fondre peu à peu dans la sienne. Etrange mouvement auquel le grand artiste de Nuremberg eut la douleur d'assister ! Il put prévoir avant de mourir la fin prochaine de cet Rart allemand qui dans sa main paraissait si vivace. La gravure, pendant près d'un siècle, cessa de vivre partout ailleurs qu'en Italie ; elle ne reparut en Flandre que sous les auspices de Rubens, mais dans des conditions et des données toutes nouvelles, avec mission d'imiter avant tout la couleur. Il est dans la destinée des grands peintres de se créer des interprètes à leur usage. Le système de gravure fondé par Raphaël répondait à sa façon de comprendre son art ; Rubens a dû fonder aussi le sien : Vorsterman et Bolswert ont été ses Marc-Antoine.

La différence capitale entre ces deux systèmes, c'est que l'un aspire à reproduire les tableaux, tandis que l'autre se contente de copier les dessins. L'idée de rendre par l'artifice et la combinaison des tailles un effet analogue au coloris est une idée que n'a jamais conçue ni Marc-Antoine ni aucun de ses disciples, une idée du XVIIe siècle, pratiquée seulement depuis cette époque. Il ne s'agit point ici de décider, entre ces deux systèmes, lequel est supérieur à l'autre : si l'un ne perd pas en mérite sérieux et durable ce qu'il gagne en séduction si, pour les arts du dessin, la première loi n'est pas de rester en-deçà des limites de leur puissance et de ne jamais empiéter sur le domaine d'autrui. Tout cela n'est point en question. Nous ne voulons constater qu'un fait, c'est que Marc-Antoine, pour reproduire les tableaux de Raphaël, n'a jamais attendu qu'ils fussent peints. Ce sont les dessins, les idées premières de ces tableaux qu'il a rendus sur le cuivre, sans s'inquiéter si le peintre une fois le pinceau dans ses doigts, n'y changerait pas quelque chose. Il en est résulté pour nous un immense avantage. Une foule de compositions que le grand artiste n'a pas eu le temps de peindre nous ont été conservées, et quand à celles qui sont devenues des tableaux, au lieu de nous en avoir transmis seulement des copies intelligentes, ce qui serait déjà un prix inestimable, Marc-Antoine nous a donné quelque chose de mieux, des variantes, des premières éditions de ces tableaux, des tableaux nouveaux pour mieux dire. C'est ainsi qu'il existe deux *Parnasse*, celui du Vatican et celui de Marc-Antoine, deux *sainte Cécile*, et certes, quelque admirable que soit dans le tableau de Bologne la chaste fiancée de Valérien, nous ne savons si, dans la gravure, son expression n'est pas plus profondément belle, son découragement des choses de ce monde plus saintement exprimé, et l'ensemble de la composition plus simple et plus saisissant.

Ainsi le système de gravure pratiqué par Marc-Antoine a contribué à rendre plus complets et plus variés les souvenirs qu'il nous a laissés de son maître. De tous ces brillants disciples qui entouraient le grand artiste, c'est lui peut-être qui le comprit le mieux et qui lui fut le plus utile. Les autres ont copié ses tableaux, aidé même à en faire quelques-uns ; lui, comme un secrétaire pénétrant et laborieux, il a enregistré toutes ses pensées, même les plus intimes et les plus fugitives. Il s'était si bien pénétré de son esprit, que, même après sa mort, il lui obéissait encore, et croyait graver d'après lui, quand il copiait les dessins d'un autre. C'est ainsi que Baccio Bandinelli passe pour avoir fait ce beau *Martyre de saint Laurent*, si heureusement corrigé par Marc-Antoine. Pauvre Baccio, qui fut assez sot pour dire qu'il ne reconnaissait pas son dessin et pour aller s'en plaindre au pape ! il s'attira cette réponse : — Rassurez-vous, mon cher, il a peut-être changé quelque chose, mais il n'a rien gâté.

Au bout de quelques années pourtant, surtout après le sac de Rome, où Raimondi perdit et fortune et santé, son talent sembla dévier quelque peu et sa mémoire devenir moins fidèle ; du moins les dernières planches qu'on lui attribue le laisseraient supposer. Mais il en est peut-être de ces dernières planches comme de certaines actions peu édifiantes dont on a chargé sa mémoire : il est possible qu'elles lui soient faussement attribuées. Nous penchons à croire avec M. Delessert que, sans être un petit saint, Marc-Antoine ne fut pas un aussi grand pécheur que quelques biographes l'ont voulu dire. Quant à ses démêlés avec la justice vénitienne à propos de l'imitation des planches et de la marque d'Albert Dürer, c'est, selon toute apparence, un conte de Vasari. Rien de moins probable à cette époque et dans les idées du temps qu'un procès en contrefaçon. Nous ne croyons guère non plus qu'un autre genre de supercherie, la reproduction de ses propres œuvres, ait été cause de sa mort, qu'il ait été poignardé pour avoir gravé et vendu une fois de trop son *Massacre des Innocents*. La preuve est à peu près acquise aujourd'hui que la seconde planche n'était pas de lui, mais de Marc de Ravenne. Ce qui serait plus difficile, ce serait de le blanchir d'un méfait qui lui valut une rude disgrâce et un emprisonnement rigoureux, nous parlons de sa participation à la publication obscène de son ami l'Arétin. Que Clément VII ait pris la chose un peu trop vivement, eu égard à l'état de licence de la société romaine, c'est possible : mais notre artiste, il faut le dire, avait bravé les bienséances un peu trop effrontément. Raphaël lui manquait pour éviter cette méchante affaire. On peut faire la remarque que tous les mauvais bruits qui ont couru sur le compte de Raimondi ne concernent que la fin et le commencement de sa vie, d'où semble résulter que quand il avait là son maître, quand il professait pour lui une respectueuse soumission, il se respectait mieux lui-même. Raphaël était une providence aussi bien pour sa morale que pour son talent.

Si ce n'était pas chose vaine de faire des vœux en arrière, nous voudrions, dans l'intérêt de Marc-Antoine et surtout dans le nôtre, qu'il eût cessé de vivre en même temps que son maître, sauf à l'avoir connu cinq ou six ans plus tôt. Remarquez en effet que la lacune est grande dans ce vaste registre où, grâce à son burin, nous lisons les pensées du peintre. La première page est de 1510. Rien en-deçà. De telle sorte que si Raphaël n'avait survécu que par les gravures de Marc-Antoine, si toutes ses propres œuvres, fresques, tableaux, dessins, avaient complètement péri, ces gravures, si belles et si nombreuses qu'elles soient, ne nous révéleraient que la moitié de son génie. Nous connaîtrions le Raphaël puissant, honoré, dominateur, gracieux encore, bien qu'aspirant plus volontiers à la force et à la grandeur, le Raphaël de Rome en un mot ; mais le Raphaël de Florence, ce délicieux jeune homme, ce génie modeste et angélique, cet idéal du peintre chrétien, nous ne le connaîtrions pas. Faute d'avoir eu son Marc-Antoine, celui-là, malgré les œuvres qu'il nous a laissées, malgré fresques, tableaux et dessins, ne nous est qu'imparfaitement connu. Quel regret que personne ne se soit trouvé là, capable de nous transmettre et les tableaux qu'il n'a pas eu le temps de peindre, et les premières pensées de ceux qu'il a peints, et tant d'autres compositions détachées qui durent alors tomber de sa plume !

Il semble qu'une fatalité jalouse s'attache à nous voiler cette admirable phase d'une si belle vie. .Naguère encore la mort n'a-t-elle pas frappé un homme, un courageux artiste, qui depuis quatre années cherchait à combler une de ces lacunes dans l'histoire du Raphaël florentin, en gravant une des œuvres les plus considérables de sa jeunesse, cette *Cène* du couvent de Foligno, miraculeusement découverte il y a dix ans ? La planche presque à moitié faite nous sera-t-elle au moins conservée ? même dans cet état d'imperfection, ce serait déjà un trait de lumière, s'il reste des incrédules, et un vif plaisir pour ceux qui ne le sont pas. Dans l'intérêt de Jesi, nous demandons qu'il soit tiré des épreuves de sa planche avant qu'une autre main y porte le burin. Peu d'hommes ont aimé leur art comme lui ; bien peu ont connu, senti et goûté aussi profondément Raphaël. Nous regretterons toujours qu'il n'ait pas eu la joie de mettre la dernière main à cette planche, objet de toutes ses pensées et de tous ses efforts. Rendons au moins hommage à sa mémoire, ici, en achevant de parler de Marc-Antoine ; nous aimons à associer ainsi le nom du modeste et consciencieux artiste à la gloire du plus grand graveur qui ait honoré leur commune patrie.

ISBN : 978-1976288777

Louis Vitet

www.ingramcontent.com/pod-product-compliance
Lightning Source LLC
Chambersburg PA
CBHW050254230526
45470CB00005B/2264

Fernand Papillon

La Constitution de la matière et le dynamisme spiritualiste

Essai

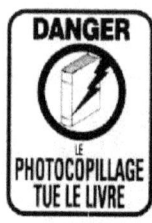 Le code de la propriété intellectuelle du 1er juillet 1992 interdit en effet expressément la photocopie à usage collectif sans autorisation des ayants droit. Or, cette pratique s'est généralisée dans les établissements d'enseignement supérieur, provoquant une baisse brutale des achats de livres et de revues, au point que la possibilité même pour les auteurs de créer des œuvres nouvelles et de les faire éditer correctement est aujourd'hui menacée. En application de la loi du 11 mars 1957, il est interdit de reproduire intégralement ou partiellement le présent ouvrage, sur quelque support que ce soir, sans autorisation de l'Éditeur ou du Centre Français d'Exploitation du Droit de Copie , 20, rue Grands Augustins, 75006 Paris.

ISBN : 978-1977999245

10 9 8 7 6 5 4 3 2 1